Campingküche

FANTASIEVOLL KOCHEN · AUF KLEINEM RAUM

CLAUDIA SEIFERT · JULIA HOERSCH · NELLY MAGER

AT Verlag

*In diesem Buch werden
folgende Symbole verwendet:*

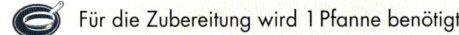 Für die Zubereitung wird 1 Pfanne benötigt.

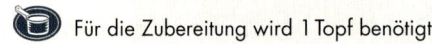 Für die Zubereitung wird 1 Topf benötigt.

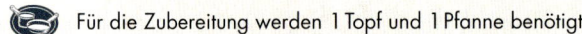 Für die Zubereitung werden 1 Topf und 1 Pfanne benötigt.

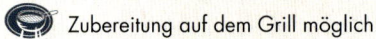 Zubereitung auf dem Grill möglich.

 Schnelle kalte Gerichte.

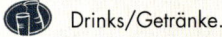 Drinks/Getränke.

* Nicht überall erhältliche Zutaten,
die am besten im Voraus zu besorgen
und mitzunehmen sind.

© 2012
AT Verlag, Aarau und München
Konzeption, Rezeptentwicklung und Foodstyling:
Claudia Seifert, www.claudiaseifert.de
Fotos: Julia Hoersch, www.juliahoersch.de
Styling: Nelly Mager, Hamburg
Gestaltung und Satz: Gesa Sander, www.gesasander.de
Bildaufbereitung: Vogt-Schild Druck, Derendingen
Druck und Bindearbeiten: Printer Trento, Trento
Printed in Italy

ISBN 978-3-03800-623-7

www.at-verlag.ch

Inhalt

Ein Wort vorweg

Ich bin gerne unterwegs. Ich genieße es, mich in der freien Natur zu bewegen und mein eigenes »mobiles Heim« – ob Wohnwagen, Zelt oder Segelboot – dabei zu haben, wohin auch immer meine Reise geht.

Der Star des vorliegenden Buches ist denn auch ein kleiner Wohnwagen namens »Manolo«, der mittlerweile seinen verdienten Altersruhesitz unter Apfelbäumen in Mecklenburg-Vorpommern gefunden hat.

Mit diesem Gefährt habe ich mich gemeinsam mit Fotografin Julia Hoersch und Stylistin Nelly Mager samt Kind und Kegel, Pütt und Pann auf den Weg gemacht, um zu beweisen, dass sich das Kochen beim Campen trotz erschwerter Bedingungen nicht auf Spaghetti mit Tomatensauce, Würstchen und Kartoffelsalat oder die ewigen Pommes vom Imbiss beschränken muss – und dies auch dann nicht, wenn Kinder an Bord sind.

Für mich als Köchin und Rezeptautorin bedeutet gutes Essen Genuss pur und gehört auch beim Campen ganz einfach dazu. Das Zubereiten eines Gerichtes draußen in der Natur und das anschließende gemeinsame Essen unter freiem Himmel – ein sinnlicheres Ambiente lässt sich in keinem Sternerestaurant finden. Die Freude und Begeisterung, die wir auf unserer Campingtour erlebt haben, möchten wir in Bildern und Rezepten gerne mit Ihnen teilen und Sie auf unsere Reise mitnehmen.

Die über 80 leicht nachzukochenden Rezepte sind den spartanischen Kochmöglichkeiten angepasst, aber dennoch originell und kreativ kombiniert. Sie kommen alle ohne aufwendiges Wiegen aus; die Maßeinheit ist immer eine Tasse mit 200 ml Inhalt. Sämtliche Rezepte sind für 2 Personen berechnet und können so auf eine beliebige Anzahl Personen hochgerechnet werden.

Lebensmittel, die Sie – wenn Sie die entsprechenden Gerichte nachkochen wollen – am besten bereits in den Reiseproviant mit aufnehmen sollten, weil sie unterwegs schwer zu bekommen sind, wurden mit einem * gekennzeichnet.

Beim Campen bietet es sich an, zusätzlich zu den frischen Lebensmitteln auch Dosen, Gemüsebrühe in Pulverform und andere Fertigprodukte zu verwenden. Meine Empfehlung: Kaufen Sie diese Produkte in Bioqualität, sie sind qualitativ besser und schmecken ausgezeichnet. (Unsere praktischen Vorratslisten finden Sie am Schluss des Buches.)

Haben Sie nur einen Gaskocher, einen Grill oder im Gegenteil vielleicht sogar zwei Elektroplatten zur Verfügung? Damit Sie gleich das Passende finden, wie auch immer Ihre persönliche Camping-Küchenausstattung aussieht, sind die Rezepte im Index nach der Anzahl der benötigten Töpfe und Pfannen geordnet. Für einen besonderen Anlass kombinieren Sie einfach ein Hauptgericht mit einer Vorspeise und einem süßen Ausklang zu einem überraschenden Drei-Gänge-Menü. Ein Vorschlag gefällig?

Zum Beispiel Muschelnudeln mit Grapefruit, Lachs und Haselnüssen (Seite 83), Sommer-Blüten-Salat mit Bohnen-Crostini (Seite 100) und zum Abschluss marinierte Ananas mit süßer Guacamole mit Keksbröseln (Seite 33).

Auch für ein abendliches Picknick im Park oder am See eignen sich die Rezepte wunderbar.

Packen Sie Pfanne und Gaskartusche ein, freuen Sie sich auf ein köstliches Essen und die neidischen Blicke von den angrenzenden Picknickdecken.

In diesem Sinne: Raus in die Natur!
Kreative, inspirierende und genussvolle Erfahrungen in der Freiluftküche wünscht Ihnen

Claudia Seifert

Himbeer–Vanille–Shake
Rezept Seite 17

Tomaten-Schinken-Omelette
Rezept Seite 16

Toast mit Pfirsich, Minze,
Rohschinken und Ziegenkäse
Rezept Seite 16

Tomaten-Schinken-Omelette

3 Eier

5 EL Milch

Salz, Pfeffer aus der Mühle

1 TL getrocknete Kräuter der Provence

2 EL Olivenöl

4 Scheiben Schinken, in Streifen geschnitten

2 Frühlingszwiebeln, in Ringe geschnitten,
oder 1 kleine Zwiebel,
gewürfelt

2 EL gehobelte Mandeln *

2 Tomaten, fein gewürfelt

50 g Schafskäse, grob zerbröckelt

½ Baguette oder 4 Scheiben Roggenbrot

1. Eier, Milch, Salz, Pfeffer und getrocknete Kräuter verrühren.

2. Das Öl in einer Pfanne erhitzen, den Schinken und die Frühlingszwiebeln anbraten, die Mandeln und die Tomaten dazugeben. Die Eimischung und den Schafskäse hinzufügen und bei milder Hitze zugedeckt 10 Minuten stocken lassen. Mit Brot servieren.

Zubereitungszeit: 20 Minuten; Foto Seite 12

Toast mit Pfirsich, Minze, Rohschinken und Ziegenkäse

4 Toastbrot-Scheiben

2 EL Frischkäse

2 Scheiben Rohschinken

1 Pfirsich, halbiert und in dünne Scheiben geschnitten,
oder 2 Pfirsichhälften aus der Dose in Scheiben
geschnitten (den Rest als Dessert zubereiten)

4 Scheiben Ziegenkäserolle

8 Blätter Minze, grob gehackt

1. Die Toastscheiben in einer Pfanne ohne Fett rösten.

2. Eine Seite der Toastscheiben mit dem Frischkäse bestreichen. Mit Schinken, Pfirsich, Ziegenkäse und Minze belegen.

Zubereitungszeit: 10 Minuten; Foto Seite 15

Karamellisierte Bananen mit Schokostreuseln

2 EL Zucker

2 Bananen, geschält, längs halbiert

2 EL gehobelte Mandeln

2 EL Schokostreusel

1. Den Zucker in der Pfanne karamellisieren, die Bananenhälften kurz darin braten. Dann die Mandeln hinzufügen und kurz mitschwenken. Mit den Schokostreuseln bestreut servieren.

Zubereitungszeit: 10 Minuten; Foto Seite 20

Fischeintopf mit Karotten, Shrimps und Pesto

2 EL Olivenöl

2 Karotten (150 g), geschält, längs halbiert und in Stücke geschnitten

4 mittelgroße Kartoffeln (400 g), geschält und gewürfelt

1 TL getrocknete Kräuter der Provence

2 Tassen (400 ml) Weißwein

2–3 EL Zitronensaft

2 Tassen (400 ml) Wasser

¼ TL Salz

100 g Shrimps ohne Schale, Darmfaden entfernt

250 g Fischfilet, in 2 cm große Würfel geschnitten

1 EL Basilikumpesto

Pfeffer aus der Mühle

1. Das Öl in einem Topf erhitzen, Karotten, Kartoffeln und getrocknete Kräuter andünsten. Mit Weißwein, Zitronensaft und Wasser (400 ml) aufgießen und salzen.

2. Zugedeckt 10 Minuten kochen lassen. Dann die Shrimps und die Fischwürfel hinzufügen und weitere 10 Minuten ziehen lassen. Achtung: Nicht mehr kochen, sonst zerfällt der Fisch. Mit Salz, Pesto und Pfeffer abschmecken.

Zubereitungszeit: 25 Minuten; Foto Seite 21

Crostini mit Brombeeren, Pilzen und Parmesan

3 EL Olivenöl

10 kleine Steinpilze oder mittelgroße Champignons, in Scheiben geschnitten

1 TL getrocknete Kräuter der Provence

1 Knoblauchzehe, fein gehackt

10 Brombeeren oder ersatzweise 1 Handvoll Heidelbeeren

2 EL gehobelter Parmesan

½ Baguette, in Scheiben geschnitten

1. Das Öl in einer Pfanne erhitzen, Pilze, getrocknete Kräuter und Knoblauch anbraten. Die Brombeeren hinzufügen und mit Salz und Pfeffer würzen. Auf die Brotscheiben verteilen und mit dem Parmesan bestreut servieren.

Zubereitungszeit: 10 Minuten; Foto Seite 17

Himbeer-Vanille-Shake

150 g Himbeerjoghurt

½ Tasse (100 ml) Mineralwasser

1 Päckchen Vanillezucker

1. Joghurt, Mineralwasser und Vanillezucker gut verrühren.

Zubereitungszeit: 3 Minuten; Foto Seite 11

Crostini mit Brombeeren,
Pilzen und Parmesan
Rezept Seite 17

Fischeintopf mit Karotten, Shrimps und Pesto

Rezept Seite 17

Karamellisierte Bananen
mit Schokostreuseln
Rezept Seite 16

Gegrillter Schafskäse
mit Tabbouleh-Salat

Tabbouleh-Salat:
1 Tasse (200 ml) Wasser
1 TL Gemüsebrühepulver
½ Tasse (75 g) Couscous
Salz, Pfeffer aus der Mühle
1 EL Olivenöl
3 EL Zitronensaft
1 Bund gemischte Kräuter
(evtl. auch Wiesenkräuter wie
Kleeblüten, Sauerampfer), fein gehackt

150 g Schafskäse
2 EL Olivenöl
1 Paprika (Peperoni), entkernt, gewürfelt
1 Knoblauchzehe, fein gehackt
2 EL grob gehackte Mandeln
2 Zweige Oregano, fein gehackt,
oder 1 TL getrockneter Oregano

1. Das Wasser mit dem Gemüsebrühepulver erhitzen, den Couscous einstreuen und 10 Minuten zugedeckt quellen lassen. Mit Salz, Pfeffer, Öl und Zitronensaft abschmecken. Die Kräuter daruntermischen.
2. Den Schafskäse auf ein Stück Alufolie legen. Mit 2 EL Olivenöl beträufeln und mit Salz und Pfeffer würzen. Paprikawürfel, Knoblauch, Mandeln und Oregano darüberstreuen. Das Alupaket gut verschließen und 5 Minuten grillen (dies kann auch in einer Pfanne geschehen).
Zubereitungszeit: 25 Minuten; Foto Seite 27

Tipp: Gemüsebrühe immer in Bioqualität kaufen, sonst enthält sie unerwünschte Geschmacksverstärker.

Schwarze Spaghetti
all'arrabiata
mit Knoblauch-Calamari

250 g schwarze Spaghetti*
oder normale Spaghetti
Salz
2 EL Olivenöl
2 Knoblauchzehen, fein gehackt
1 TL Kräuter der Provence
250 g Calamari, in Ringe geschnitten,
oder Fischfilet, 1 cm groß gewürfelt
250 ml Tomatensauce*
2 Msp. Chiliflocken

1. Die Spaghetti in kochendem Salzwasser gar kochen.
2. Für die Calamari das Öl in einer Pfanne erhitzen. Knoblauch, getrocknete Kräuter und Calamari 5 Minuten braten.
3. Die Spaghetti abgießen, mit der Tomatensauce und dem Chili vermischen, nochmals aufkochen. Mit den Calamari servieren.
Zubereitungszeit: 15 Minuten

Apfel-Cidre-Bowle

1 Apfel, geviertelt,
entkernt und in Stücke geschnitten
1 EL Zitronensaft
2 EL Holunderblütensirup*
(im Reformhaus oder Bioladen erhältlich)
½ Flasche (375 ml) Cidre (Apfelwein)

1. Apfel, Zitronensaft und Holunderblütensirup vermischen.
2. Die Mischung auf zwei Gläser verteilen und mit dem Cidre aufgießen.
Zubereitungszeit: 10 Minuten

Apfel-Blaubeer-Pfannkuchen

1 Tasse (200 ml) Milch
¾ Tasse (100 g) Mehl
3 EL Zucker
2 Eier
2 EL Olivenöl
2 Päckchen Vanillezucker*
1 Apfel, entkernt und in Scheiben geschnitten
100 g Blaubeeren oder andere Beeren
(wie Himbeeren, Johannisbeeren,
Brombeeren, Erdbeeren)

1. Milch, Mehl und Zucker verrühren. Das Ei hinzufügen.
2. Das Öl in einer Pfanne erhitzen. Den Vanillezucker,
die Apfelscheiben und Blaubeeren hinzufügen.
Den Teig darauf verteilen und bei ganz kleiner Hitze
12 Minuten backen, nach 6 Minuten wenden.
Zubereitungszeit: 20 Minuten; Foto Seite 28/29

Tipp: Die kleinen Vanillezucker-Tütchen passen gut
ins Campinggewürzset.

Schweinefilet mit gebratenen Radieschen und Salbei

1 Schweinefilet
Salz, Pfeffer aus der Mühle
3 EL Raps- oder anderes Öl
1 Bund Radieschen, geputzt,
in Scheiben geschnitten
10 Salbeiblätter, grob gehackt,
oder 2 TL getrockneter Salbei
4 Scheiben Bauernbrot

1. Das Schweinefilet mit Salz und Pfeffer würzen. Das Öl
in einer Pfanne erhitzen, das Filet rundherum 15 Minuten braten.
Nach 10 Minuten die Radieschen und den Salbei hinzufügen.
2. Das Schweinefilet aufschneiden und mit dem Bauernbrot servieren.
Zubereitungszeit: 20 Minuten; Foto Seite 31

Tipp: Statt Schweinefilet kann man auch Hühnchen nehmen.

26

Schweinefilet mit gebratenen
Radieschen und Salbei
Rezept Seite 25

Gebratene Dorade
mit Ratatouille-Salat

Ratatouille:

1 EL Olivenöl

1 rote Paprika (Peperoni),
entkernt und gewürfelt

1 Knoblauchzehe, fein gehackt

2 Msp. Chiliflocken

1 TL getrocknete Kräuter der Provence

1 Zwiebel, fein gewürfelt

1 Aubergine, gewürfelt

1 Tasse (200 ml) Weißwein

Salz, Pfeffer aus der Mühle

1 unbehandelte Zitrone,
Hälfte der Schale fein abgerieben
sowie 2 EL Saft

2 Doraden, küchenfertig ausgenommen

2 EL Olivenöl

½ Baguette, in Scheiben geschnitten

1. Für die Ratatouille das Öl in einem Topf erhitzen. Paprika, Knoblauch, Chili, getrocknete Kräuter, Zwiebel und Aubergine andünsten. Mit dem Weißwein aufgießen und zugedeckt 5 Minuten bei mittlerer Hitze schmoren lassen. Mit Salz, Pfeffer, Zitronenschale und -saft würzen.

2. Die Doraden innen und außen mit Salz und Pfeffer würzen. Das Öl in einer Pfanne erhitzen und die Doraden von jeder Seite 6–8 Minuten braten. Mit der Ratatouille und dem Baguette servieren.

Zubereitungszeit: 20 Minuten; Foto Seite 34

Tipp: Dazu »Fischers Fritz« aufsagen, oder das Rezept mit selbst geangeltem Fisch zubereiten.

Garnelen-Brot-Spieße
mit Pfeffer-Vanille-Sauce

Garnelen-Brot-Spieße:

3 EL Olivenöl

2 Knoblauchzehen, fein gehackt

¼ Baguette, in 2 cm große Würfel geschnitten

Salz

20 mittelgroße Garnelen, Darmfaden entfernt

Pfeffer-Vanille-Sauce:

1 Becher (150 ml) Sauerrahm

2 Msp. Vanillemark *

(aus Bioladen oder Reformhaus)

2 Msp. bunter Pfeffer, grob gemahlen

3 EL Zitronensaft

1. Öl, Knoblauch, Brotwürfel und Salz vermischen. 10 Minuten ziehen lassen. Garnelen und Brot abwechselnd auf Spieße stecken.

2. Für die Sauce Sauerrahm, Vanillemark, Pfeffer, Salz, und Zitronensaft gut verrühren. Die Spieße auf dem Grill 5 Minuten grillen. Mit dem Dip servieren.

Zubereitungszeit: 20 Minuten; Foto Seite 39

Tipp: Holzspieße nicht vergessen!

Gebratener Lachs
im Sesam-Pfeffer-Mantel
mit Aprikosen-Salsa

Aprikosen-Salsa:

1 EL Sesamöl oder Olivenöl

8 Aprikosenhälften (aus der Dose), abgetropft

1 rote Paprika (Peperoni), fein gewürfelt

1 Zwiebel, gewürfelt

1 Knoblauchzehe, fein gehackt

3 EL Zitronensaft

1 TL Gomasio *

(Sesamsalz; aus Bioladen oder Reformhaus)

Salz und Pfeffer aus der Mühle

Kartoffelpüree:

1 ¼ Tassen (250 ml) Milch

1 EL Sesamöl oder Olivenöl

1 Päckchen Kartoffelpüreepulver

für 2 Portionen (250 ml)

4 TL Gomasio (siehe Tipp)

2 Msp. grob gemahlener Pfeffer

2 Lachsfilets (je 150 g)

2 EL Sesamöl oder Olivenöl

Salz

1. Für die Salsa das Öl erhitzen, Aprikosen, Paprika, Zwiebel und Knoblauch 5 Minuten anbraten. Mit Zitronensaft ablöschen, mit Gomasio, Pfeffer und Salz würzen.

2. Für das Kartoffelpüree Milch, Öl, Salz und Pfeffer erhitzen. Das Kartoffelpüreepulver einrühren und kurz aufkochen.

3. Das restliche Gomasio und den grob gemahlener Pfeffer vermischen. Die Fischfilets darin wenden und gut andrücken. Das Öl in einer Pfanne erhitzen und die Fischfilets von jeder Seite 5 Minuten braten. Mit Kartoffelpüree und Aprikosen-Salsa servieren.

Zubereitungszeit: 20 Minuten

Tipp: Gomasio ist eine Würzmischung aus Asien. Sie eignet sich gut zum Campen, weil sie ein sehr eigenes, feines Aroma hat, das vielen, auch einfachen Gerichten im Nu das gewisse Etwas gibt. Man kann es auch aufs Butterbrot streuen. Hier das schnelle Rezept dafür: 7 EL Sesamsamen trocken rösten, mit 1 EL grobem Meersalz vermischen und mörsern. In ein kleines verschraubbares Glas füllen und zum Campen mitnehmen. Schmeckt herrlich!

Marinierte Ananas
mit süßer Guacamole

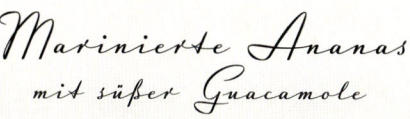

½ Ananas

1 Päckchen Vanillezucker

1 EL kandierter Ingwer *,
in feine Scheiben geschnitten

1 reife, weiche Avocado

2–3 EL Zitronensaft

3 EL flüssiger Honig

10 Cantuccini oder andere Kekse,
grob zerbröckelt

1. Die Ananas schälen, Strunk entfernen und das Fruchtfleisch in Stücke schneiden. Mit dem Vanillezucker und dem kandierten Ingwer vermischen.

2. Das Avocadofruchtfleisch mit einem Löffel aus der Schale lösen, mit dem Zitronensaft vermischen, den Honig hinzufügen und mit einer Gabel zerdrücken.

3. Die Ananas mit der süßen Guacamole und mit Keksbröseln bestreut servieren.

Zubereitungszeit: 10 Minuten

Tipp: Wagen Sie ruhig zu improvisieren! Dieses Rezept funktioniert auch mit Äpfeln oder anderen Früchten.

Gebratene Dorade
mit Ratatouille-Salat
Rezept Seite 32

Garnelen-Brot-Spieße
mit Pfeffer-Vanille-Sauce
Rezept Seite 32

Gegrillter Thunfisch mit
Bohnen-Avocado-Salsa

Rezept Seite 42

Gegrillter Thunfisch mit Bohnen-Avocado-Salsa

2 EL Olivenöl

1 unbehandelte Zitrone,
abgeriebene Schale und Saft

2 Knoblauchzehen, fein gehackt

Salz, Pfeffer aus der Mühle

2 Thunfischfilets
oder anderes Fischfilet (je 150 g)

Bohnen-Avocado-Salsa:

1 feste Avocado,
Fruchtfleisch herausgelöst und fein gewürfelt

1 kleine Dose Kidneybohnen
(125 g Abtropfgewicht), gut abgetropft

2 EL Olivenöl

2 Tomaten, fein gewürfelt

1. Für den Fisch Olivenöl, Zitronenschale, die Hälfte des Knoblauchs, Salz und Pfeffer verrühren. Die Thunfischfilets mit dem Zitronenöl einstreichen und 15 Minuten marinieren.

2. Für die Sauce die Avocado, 3 EL Zitronensaft, Kidneybohnen, Olivenöl und Tomaten gut vermischen. Mit Salz, Pfeffer und dem restlichen Knoblauch würzen.

3. Die Thunfischsteaks auf dem Grill von jeder Seite 3 Minuten grillen. Mit der Bohnen-Avocado-Salsa servieren.

Zubereitungszeit: 25 Minuten; Foto Seite 41

Gegrillte Zucchinischeiben in Zitronen-Knoblauch-Marinade

2 Knoblauchzehen, fein gehackt

3 EL Olivenöl

1 unbehandelte Zitrone,
abgeriebene Schale und Saft

1 TL getrockneter Oregano

Salz, Pfeffer aus der Mühle

2 mittelgroße Zucchini, in Scheiben geschnitten

3 EL Aïoli (Fertigprodukt) *

1. Knoblauch, Olivenöl, Zitronenschale, 2 EL Zitronensaft, Oregano, Salz und Pfeffer gut verrühren. Die Zucchinischeiben 30 Minuten darin marinieren. Dann aus der Marinade nehmen und auf dem Grill rundherum 5 Minuten grillen.

2. Die Aïoli dazu reichen und mit restlichem Zitronensaft beträufeln.

Zubereitungszeit: 15 Minuten (ohne Marinierzeit); Foto Seite 45

Tipp: Die Marinade »recyceln« und ein weiteres Mal zum Beispiel zum Marinieren von Champignons verwenden.

Eisbergsalat
mit Radieschen, Feigen und Macadamia-Nüssen

8 EL Joghurt

3 EL Zitronensaft

1 EL Kürbiskernöl

Salz, Pfeffer aus der Mühle

$1/2$ Eisberg- oder anderer Salat,
in Stücke geschnitten

1 Bund Radieschen,
in Scheiben geschnitten

3 getrocknete Feigen,
in Scheiben geschnitten

10 gesalzene Macadamia-Nüsse *,
in Scheiben geschnitten
(im Supermarkt erhältlich)

2 Scheiben Schwarzbrot, gewürfelt

1. Für das Dressing Joghurt, Zitronensaft, Öl, Salz und Pfeffer verrühren.

2. Eisbergsalat, Radieschen und Feigen mit dem Dressing gut vermischen. Mit den Macadamia-Nüssen und den Brotwürfeln bestreut servieren.

Zubereitungszeit: 15 Minuten

Tipp: Statt der Feigen kann man auch Datteln und statt der Macadamia-Nüsse andere Nüsse nehmen.

Pitabrot mit Avocado,
Räucherlachs, Kapern und Salat

2 Pitabrote zum Füllen

1 reife, weiche Avocado, halbiert

4 Scheiben Räucherlachs

1 EL Kapern (aus dem Glas), abgetropft

4 Blätter Radicchio oder anderer Salat

1. Die Pitabrote längs aufschneiden, in einer Pfanne etwas anrösten.

2. Die Brote mit dem Avocado-Fruchtfleisch bestreichen, dann mit Räucherlachs, Kapern und Radicchio belegen. Mit Salz und Pfeffer würzen.

Zubereitungszeit: 5 Minuten

Tipps: Nach Belieben auch anderen geräucherten Fisch oder Schinken verwenden. Avocado ist auch pur ein super Brotaufstrich. Den Kern in der nicht benötigten Hälfte lassen, dann läuft das Fruchtfleisch nicht braun an.

Gegrillte Zucchinischeiben in
Zitronen-Knoblauch-Marinade

Rezept Seite 42

44

Tomaten-Grillbrot
mit Schnittlauchcreme

Rezept Seite 50

48

Tomaten-Grillbrot
mit Schnittlauchcreme

Grillbrot:

2 Tassen (250 g) Mehl

¼ TL Salz

1 Päckchen (7 g) Trockenhefe

150 ml lauwarmes Wasser

2 TL getrocknete Kräuter der Provence

20 getrocknete Tomaten in Öl,
gut abgetropft und fein gehackt,
sowie 3 EL Öl von den Tomaten

Schnittlauchcreme:

1 Becher (150 g) Sauerrahm

1 Bund Schnittlauch, fein geschnitten

2 EL Zitronensaft

1 EL Kapern, grob gehackt

Salz, Pfeffer aus der Mühle

1. Für das Grillbrot Mehl, Salz, Hefe, lauwarmes Wasser, getrocknete Kräuter und die 3 EL Öl der Tomaten zu einem glatten Teig verkneten. 30 Minuten abgedeckt gehen lassen. Dann mit bemehlten Händen in 8 Stücke teilen. Die Teigstücke auf dem Grill rundherum 15 Minuten backen.

2. Sauerrahm, Schnittlauch, Zitronensaft, Kapern, Salz und Pfeffer verrühren. Mit dem Grillbrot servieren.

Zubereitungszeit: 45 Minuten (ohne Gehzeit); Foto Seite 46/47

Tipp: Trockenhefe gibt es in Tütchen, die in jeder Campingküche noch in einer kleinen Ritze Platz finden. Haltbar und daher praktisch.

Couscous-Pfanne mit Paprika
und gebratenem Fisch

10 getrocknete Tomaten in Öl,
gut abgetropft und in Streifen geschnitten,
sowie 3 EL Öl von den Tomaten

1 Zwiebel, fein gewürfelt

1 rote Paprika (Peperoni), entkernt, gewürfelt

2 Tassen (400 ml) Wasser

1 TL Gemüsebrühepulver

1 Tasse (125 g) Couscous

Salz, Pfeffer aus der Mühle

3 EL Zitronensaft

2 Fischfilets (je 150 g), 2 cm groß gewürfelt

2 EL gemahlene Mandeln

1. 1 EL Tomatenöl in einem Topf erhitzen, Zwiebel, getrocknete Tomaten und Paprika 5 Minuten braten. Wasser, Gemüsebrühepulver und Couscous hinzufügen, 3 Minuten kochen, dann 10 Minuten zugedeckt quellen lassen. Mit Salz, Pfeffer und 2 EL Zitronensaft würzen.

2. Den Fisch mit Salz und Pfeffer würzen und in den gemahlenen Mandeln wenden. Die restlichen 2 EL Tomatenöl in der Pfanne erhitzen und den Fisch rundherum 5 Minuten braten. 1 EL Zitronensaft darüberträufeln.
Den gebratenen Fisch mit der Couscous-Pfanne servieren.

Zubereitungszeit: 20 Minuten

Tipp: Getrocknete Tomaten in Öl sind ein prima Vorrat für die Campingküche; auch das Öl kann man zum Kochen mit verwenden.

Kokos-Gemüsecurry mit Kartoffeln, Erdnüssen und Mango-Chutney

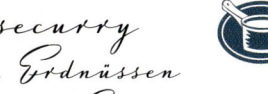

2 EL Olivenöl

2 Zwiebeln, fein gewürfelt

2 Knoblauchzehen, fein gehackt

2 Zucchini, längs geviertelt
und in Stücke geschnitten

1 Paprika (Peperoni), entkernt,
in Würfel geschnitten

3 mittelgroße Kartoffeln (300 g),
geschält und gewürfelt

2 Tassen (400 ml) Wasser

1 Dose Kokosmilch (à 400 ml Inhalt)

3 EL Zitronensaft

1 TL Gemüsebrühepulver

Salz, Pfeffer aus der Mühle

2 Msp. gemahlenes Chilipulver

4 EL Mango-Chutney *

3 EL geröstete Erdnüsse, grob gehackt

1. Das Öl in einem Topf erhitzen. Zwiebeln, Knoblauch, Zucchini, Paprika und Kartoffeln andünsten. Mit Wasser, Kokosmilch und Zitronensaft ablöschen, das Gemüsebrühepulver beifügen und zugedeckt 15 Minuten kochen lassen.

2. Das Curry mit Salz, Pfeffer und Chili würzen und zusammen mit dem Mango-Chutney und mit Erdnüssen bestreut servieren.

Zubereitungszeit: 20 Minuten

Tipp: Wenn Sie sich die Augen verbinden, fühlen Sie sich gleich nach Asien versetzt.

Tomaten-Mango-Gazpacho mit Räucherlachs

2 Tassen (500 ml) Tomatensaft

2–3 Spritzer Tabasco

Salz, Pfeffer aus der Mühle

½ Mango, gewürfelt

¼ Gurke, geschält und fein gewürfelt

5 Scheiben Räucherlachs, in Stücke geschnitten

½ Baguette

1. Den Tomatensaft mit Tabasco, Salz und Pfeffer würzen. Mango und Gurke hinzufügen. Mit dem Räucherlachs und dem Baguette servieren.

Zubereitungszeit: 5 Minuten

Im Hinterhof

Gnocchi mit Salbei, Kirschen, Zucchini und Mandeln

Kartoffelsalat
mit gebratenem Zander

Kartoffelsalat:

15 (400 g) kleine, neue Kartoffeln
2 EL Olivenöl
2 EL Zitronensaft
1 TL milder Senf
1 Handvoll gemischte Kräuter, fein gehackt
Salz, Pfeffer aus der Mühle
15 kleine Kirschtomaten, halbiert

2 Zanderfilets ohne Haut (je 150 g)
1 EL Olivenöl
15 Borretschblüten, falls vorhanden
1 EL Zitronensaft

1. Die Kartoffeln in kochendem Salzwasser gar kochen. Abschütten, etwas abkühlen lassen, dann längs halbieren.

2. Inzwischen für das Dressing Olivenöl, Zitronensaft, Senf, Kräuter, Salz und Pfeffer verrühren. Tomaten und Kartoffeln mit dem Dressing mischen.

3. Die Zanderfilets mit Salz und Pfeffer würzen. Das Öl in einer Pfanne erhitzen, die Zanderfilets von jeder Seite 3 Minuten braten. Kurz vor Ende der Garzeit, falls verwendet, die Borretschblüten hinzufügen. Mit dem Zitronensaft beträufeln und servieren.

Zubereitungszeit: 25 Minuten; Foto Seite 54/55

Tipp: Falls weit und breit keine Borretschblüten zu finden sind: Wiesenblüten wie z.B. Gänseblümchen erfrischen jedes Gericht.

Gnocchi mit Salbei, Kirschen,
Zucchini und Mandeln

2 EL Olivenöl
10 Salbeiblätter, fein gehackt,
oder 1 TL getrockneter Salbei
1 Knoblauchzehe, fein gehackt
250 g Gnocchi (siehe Tipp)
1 Zucchini,
längs geviertelt und in Stücke geschnitten
15 Kirschen, entsteint und halbiert
1 EL gehobelte Mandeln

1. Das Öl in einer Pfanne erhitzen. Salbei, Knoblauch, Gnocchi und Zucchini 5–7 Minuten braten. Kurz vor Ende der Garzeit die Kirschen und die Mandeln hinzufügen.

Zubereitungszeit: 10 Minuten; Foto links

Tipp: Frische Gnocchi finden Sie im Kühlregal des Supermarkts. Ersatzweise gehen auch getrocknete Gnocchi, die ewig haltbar und daher ein guter »Notvorrat« sind; getrocknete Gnocchi 5 Minuten in kochendem Salzwasser garen und abschütten.

Mozzarella mit Tomaten,
Zuckerschoten und Oliventapenade

1 Mozzarella (125 g), in Scheiben geschnitten
2 Tomaten, in Scheiben geschnitten
1 Handvoll Zuckerschoten (Kefen),
roh, in Streifen geschnitten
2 EL Oliventapenade *
2 EL Zitronensaft
Salz, Pfeffer aus der Mühle
4 Scheiben Roggenbrot zum Servieren

1. Mozzarella, Tomaten und Zuckerschoten abwechselnd auf einem großen oder zwei kleinen Tellern aufschichten. Die Oliventapenade mit einem Löffel darauf verteilen. Mit Zitronensaft beträufeln, mit Salz und Pfeffer würzen. Mit Roggenbrot servieren.

Zubereitungszeit: 10 Minuten

Tipp: Statt der Tapenade eignet sich auch Pesto.

Rezept Seite 66

Zitronentarte mit frischen Beeren

Kartoffel-Nudel-Pfanne mit Apfelmus

2 EL Olivenöl

2 mittelgroße Kartoffeln (200 g), geschält, 1 cm groß gewürfelt

2 Zwiebeln, in feine Ringe geschnitten

1 TL getrocknete Kräuter der Provence

200 g Teigwaren (z.B. Penne Rigate)

3 ½ Tassen (700 ml) Wasser

1 TL Gemüsebrühepulver

½ Tasse (100 ml) Sahne

½ Tasse geriebener Käse (40 g)

Salz, Pfeffer aus der Mühle

1 Glas oder 1 Dose Apfelmus (etwa 350 g)

1. Das Öl in einer Pfanne erhitzen, Kartoffeln, Zwiebeln und getrocknete Kräuter 5 Minuten braten. Die Teigwaren hinzufügen, mit dem Wasser ablöschen und das Gemüsebrühepulver hinzufügen. Bei milder Hitze 12 Minuten offen köcheln lassen.

2. Die Sahne und den Käse unter die Teigwaren mischen, nochmals kurz aufkochen. Mit Salz und Pfeffer würzen. Mit dem Apfelmus servieren.

Zubereitungszeit: 25 Minuten

Tipp: Falls Sie gerade in der Schweiz unterwegs sind: Hier heißt das Gericht »Älpler Magronen«.

Galettes mit Schinken, Paprika und Crème fraîche

½ Tasse (100 g) Buchweizenmehl* (siehe auch Tipp)

1 Ei

¾ Tasse (150 ml) Mineralwasser

Salz

2 EL Olivenöl

Belag:

1 EL Olivenöl

100 g Schinkenwürfel

4 eingelegte Paprika im Glas, abgetropft, in Stücke geschnitten

3 EL Crème fraîche

Pfeffer aus der Mühle

1. Buchweizenmehl, Ei, Mineralwasser und Salz verrühren. Je 1 EL Öl in einer Pfanne erhitzen und nacheinander 2 Pfannkuchen ausbacken. Die Pfannkuchen auf einen Teller legen und warm halten.

2. Für den Belag das Öl erhitzen, Schinkenwürfel und Paprika andünsten. Die Crème fraîche hinzufügen. Mit Salz und Pfeffer würzen. Die Schinken-Paprika-Creme auf den Galettes verteilen.

Zubereitungszeit: 20 Minuten

Tipp: Das Rezept funktioniert auch mit Weizenmehl. Das leere Glas von den Paprika oder ein anderes Glas mit Schraubdeckel eignet sich als »Mixer« für den Teig: Einfach alle Teigzutaten hineingeben, zuschrauben und kräftig schütteln.

Bagel-Sandwich mit Brennnesselkäse,
Minze und Alfalfasprossen
Rezept Seite 67

Matjes mit Kräuter-Kapern-Sauce
und Bratkartoffeln
Rezept Seite 66

Matjes mit Kräuter-Kapern-Sauce
und Bratkartoffeln

Bratkartoffeln:

3 EL Olivenöl

4 mittelgroße Kartoffeln (400 g),
geschält, roh in dünne Scheiben geschnitten

1 Zwiebel, fein gewürfelt

1 TL getrocknete Kräuter der Provence

Salz, Pfeffer aus der Mühle

Kräuter-Kapern-Sauce:

1 Becher (150 g) Sauerrahm

3 EL Zitronensaft

1 EL Kapern, grob gehackt

1 Knoblauchzehe, fein gehackt

½ Bund Petersilie, fein gehackt

4 Matjesfilets in Sherrymarinade
(aus dem Supermarkt), gut abgetropft

1. Das Öl in einer Pfanne erhitzen, die Kartoffelscheiben und die Zwiebel 10 Minuten braten. Dabei immer wieder wenden. Nach 5 Minuten die getrockneten Kräuter hinzufügen. Mit Salz und Pfeffer würzen.

2. Für die Kräutersauce Sauerrahm, Zitronensaft, Kapern, Knoblauch, Salz, Pfeffer und Petersilie verrühren.

3. Die Bratkartoffeln mit den Matjesfilets und der Kräutersauce servieren.

Zubereitungszeit: 20 Minuten; Foto Seite 64/65

Zitronentarte mit
frischen Beeren

2 ½ Tassen (500 ml) Milch

3 EL Zucker

1 Päckchen Puddingpulver mit Vanillegeschmack

1 unbehandelte Zitrone,
abgeriebene Schale und Saft

1 fertiger Biskuitboden
(aus Supermarkt oder Bäckerei)

1 kleine Schale (250 g) Erdbeeren
oder andere Beeren / Früchte,
geputzt und geviertelt

1. 3 EL kalte Milch mit Zucker und Puddingpulver verrühren. Die restliche Milch erhitzen, das angerührte Puddingpulver einrühren und 3 Minuten bei milder Hitze unter Rühren köcheln lassen. Dann Zitronenschale und -saft hinzufügen.

2. Den Pudding auf dem Biskuitboden verteilen. Die Erdbeeren (oder andere Beeren bzw. Früchte) auf dem abgekühlten Pudding verteilen.

Zubereitungszeit: 20 Minuten; Foto oben und Seite 58/59

Bagel-Sandwich
mit Brennnesselkäse und Minze

2 Bagels oder normale Brötchen

2 EL Frischkäse

2 Scheiben Brennnesselkäse
oder anderer Käse

10 Himbeeren

6 Blätter Minze

1. Die Bagels oder Brötchen quer halbieren. Mit dem Frischkäse bestreichen. Mit Käsescheiben, Himbeeren und Minze belegen.

Zubereitungszeit: 3 Minuten; Foto Seite 62

Chili sin Carne
mit Tortilla-Chips

2 EL Olivenöl

1 Zwiebel, fein gewürfelt

1 Knoblauchzehe, fein gehackt

1 Bund Suppengemüse,
geschält und gewürfelt

1 EL Tomatenmark

3 Tassen (600 ml) Wasser

1 TL Gemüsebrühepulver

1 Dose Kidneybohnen
(240 g Abtropfgewicht), gut abgetropft

Salz, Pfeffer aus der Mühle

2 Msp. Chilipulver

2 Handvoll Tortilla-Chips (etwa 50 g)

1. Das Öl in einem Topf erhitzen. Zwiebel, Knoblauch, Suppengemüse und Tomatenmark andünsten. Mit dem Wasser aufgießen, das Gemüsebrühepulver hinzufügen und 10 Minuten zugedeckt köcheln lassen.

2. Die Kidneybohnen hinzufügen und erwärmen. Mit Salz, Pfeffer und Chili abschmecken. Mit den Tortilla-Chips servieren.

Zubereitungszeit: 25 Minuten

Tipp: Zum Campen Dosen mit Laschenöffnung bevorzugen, da oft kein Dosenöffner zur Hand ist.

Gegrilltes Lachsfilet
mit Orange und Oliventapenade

2 Lachsfilets (je 150 g)

Salz, Pfeffer aus der Mühle

1 unbehandelte Orange,
Hälfte der Schale fein abgerieben,
Fruchtfleisch gewürfelt

½ Ciabattabrot, in Scheiben geschnitten

4 EL Oliventapenade *

1. Die Lachsfilets mit Salz, Pfeffer und Orangenschale einreiben. Auf dem Grill von jeder Seite 4 Minuten grillen. Das Brot ebenfalls auf dem Grill anrösten. Die Lachsfilets mit Oliventapenade, Orangenstücken und Brot servieren.

Zubereitungszeit: 15 Minuten

Tipp: Die abgeriebene Schale von unbehandelten (!) Zitrusfrüchten ergibt immer ein tolles Aroma und verfeinert die exquisite Campingküche.

Am See

Rhabarber-Erdbeer-Limonade
Rezept Seite 76

Gegrillte Forellen
mit Limetten und Baguette
Rezept Seite 77

Gegrillte Brotfladen
mit Ziegenkäse und Gemüse
Rezept Seite 77

Römersalat mit Artischocken, Pfirsich, Sektdressing und Brotchips

Dressing:

5 El Sekt,

2 EL Olivenöl

2 EL Zitronensaft

1 TL flüssiger Honig

Salz, Pfeffer aus der Mühle

1 kleiner Römersalat oder anderer Salat,
mundgerecht geschnitten oder gezupft
1 Pfirsich, halbiert und in Spalten geschnitten,
oder 2 Pfirsichhälften aus der Dose,
in Scheiben geschnitten
(Rest als Dessert zubereiten)
1 Dose Artischocken (425 ml Inhalt),
abgetropft und in Spalten geschnitten
1 Handvoll Brotchips*

1. Für das Dressing Sekt, Olivenöl, Zitronensaft, Honig, Salz und Pfeffer verrühren.

2. Salat, Pfirsich und Artischocken gut mit dem Dressing vermischen.
Mit den Brotchips bestreut servieren.

Zubereitungszeit: 10 Minuten

Tipp: Salat kann man gut
in ein Handtuch eingeschlagen
trocken schütteln.

Rhabarber-Erdbeer-Limonade

3 Tassen (300 g) Zucker
3 Stangen Rhabarber, in Stücke geschnitten
½ Schale (125 g) Erdbeeren,
geputzt und in Scheiben geschnitten
1 TL Weinsteinsäure*
(in der Apotheke erhältlich)

1. Zucker, Rhabarber, Erdbeeren und Weinsteinsäure mit 3 l Wasser in einen Topf
geben und aufkochen. Dann kalt stellen und abgedeckt 1 Tag ziehen lassen.

2. Durch ein Sieb gießen und in Flaschen abfüllen. Hält etwa 14 Tage.

Zubereitungszeit: 20 Minuten (ohne Ziehzeit); Foto oben und Seite 70

Tipps: Dies ist ein praktischer Vorrat zum Mitnehmen, also bereits zuhause
zubereiten. Die Flaschen mit Steinen beschwert im Wasser kühlen.

Schnelle Kirsch-Prosecco-Bowle

15 Kirschen, entsteint, halbiert
½ Tasse (100 ml) Kirschsaft
½ Flasche (375 ml) Prosecco

1. Die Kirschen auf zwei Gläser verteilen, mit dem Kirschsaft
beträufeln und mit dem Prosecco aufgießen.

Zubereitungszeit: 5 Minuten; Foto Seite 79

Gegrillte Forellen
mit Limetten und Baguette

2 Forellen, küchenfertig

Meersalz, Pfeffer aus der Mühle

1 unbehandelte Limette, gewaschen,
in dünne Scheiben geschnitten

4 Dillblüten, grob gehackt

(oder 1 EL getrocknete Kräuter der Provence)

2 EL Olivenöl

½ Baguette

4 EL Sahne-Meerrettich

1. Die Forellen jeweils auf ein Stück Alufolie legen. Die Forellen von innen und außen mit Salz und Pfeffer würzen. Die Limettenscheiben und die Dillblüten darauf verteilen. Mit Olivenöl beträufeln. Dann die Alufolie gut verschließen.

2. Die Forellen auf dem Grill von jeder Seite 5 Minuten garen (alternativ geht dies auch in der Pfanne).

Mit Baguette und Sahne-Meerrettich servieren.

Zubereitungszeit: 20 Minuten; Foto Seite 73

Gegrillte Brotfladen
mit Ziegenkäse und Gemüse

Brotteig:

2 ¾ Tassen (350 g) Weizenmehl

1 Päckchen (7 g) Trockenhefe

1 EL Olivenöl

1 ¼ Tassen (250 ml) lauwarmes Wasser

Salz

Belag:

250 g stückige Tomaten (Tetrapak)

1 Zucchini, längs geviertelt und dann
in Scheiben geschnitten

1 gelbe oder rote Paprika (Peperoni),
halbiert, entkernt, klein gewürfelt

2 EL Kapern, abgetropft

50 g Ziegenkäse, gewürfelt

Salz, Pfeffer aus der Mühle

1 TL getrocknete Kräuter der Provence

2 EL Olivenöl

1. Für den Teig Mehl, Hefe, Olivenöl, lauwarmes Wasser und Salz zu einem glatten Teig kneten. Abgedeckt 1 Stunde gehen lassen. Dann den Teig noch einmal kurz durchkneten.

2. Den Teig zu 4 gleich großen Kugeln formen. Auf einer bemehlten Arbeitsfläche mit einer Flasche auf etwa 18 cm Durchmesser ausrollen.

3. Die Teigfladen auf der einen Hälfte mit den stückigen Tomaten bestreichen. Mit Zucchini, Paprika, Kapern und Käse belegen. Mit Salz, Pfeffer und getrockneten Kräutern würzen. Dann zusammenklappen und den Rand mit einer Gabel fest andrücken.

4. Auf dem Grill von jeder Seite 5 Minuten grillen, dabei mehrmals wenden.

Zubereitungszeit: 35 Minuten (ohne Gehzeit des Teiges); Foto Seite 74

Tipps: Noch schneller geht es mit fertigem Pizzateig aus dem Kühlregal (400 g). Diesen zu einer Kugel formen, in 4 Stücke teilen, ausrollen und belegen. Eine leere Glasflasche ist das beste Camping-Nudelholz.

Schnelle Kirsch-Prosecco-Bowle
Rezept Seite 76

Steak mit Pesto, gegrillten Knoblauchtomaten und Aprikosen-Aïoli

Aprikosen-Aïoli:
2 Aprikosen
(oder 1 Pfirsich oder 1 Nektarine),
entsteint, fein gewürfelt
5 EL Aïoli (Fertigprodukt) *
2 EL Zitronensaft
Salz, Pfeffer aus der Mühle

Knoblauchtomaten:
4 Tomaten, halbiert
2 Knoblauchzehen, fein gehackt
1 EL Olivenöl
1 TL getrocknete Kräuter der Provence

2 Steaks (je 150 g)
3 EL Pesto (Fertigprodukt) *

1. Für die Aïoli-Sauce Aprikosen, Aïoli, Zitronensaft, Salz und Pfeffer verrühren.
2. Die Tomaten mit Knoblauch, Öl und getrockneten Kräutern mischen.
In Alufolie wickeln und auf dem Grill 5 Minuten garen.
3. Die Steaks von jeder Seite 3–4 Minuten grillen, mit Salz und Pfeffer würzen.
Die Steaks mit den Tomaten, der Aïoli und dem Pesto servieren.
Zubereitungszeit: 25 Minuten; Foto Seite 84/85

Melonen-Vanille-Salat mit Quarkcreme

1 Cantaloupe- oder Honigmelone
1 Vanilleschote, ausgekratztes Mark,
oder 2 Päckchen Vanillezucker
1 unbehandelte Zitrone,
abgeriebene Schale und Saft
3 EL flüssiger Honig
250 g Speisequark (20 % Fett)

1. Die Melone halbieren, entkernen, das Fruchtfleisch von der Schale schneiden und würfel
2. Melonenwürfel, Vanille, die Hälfte der abgeriebenen Zitronenschale,
2 EL Zitronensaft und 2 EL flüssigen Honig vermischen.
3. Den Quark mit 1 EL Honig, 1 EL Zitronensaft und der restlichen Zitronenschale verrühren.
Den Melonensalat mit dem Quark servieren. Nach Belieben Kekse dazu reichen.
Zubereitungszeit: 20 Minuten; Foto Seite 81

Tipp: Für selbst gemachten Vanillezucker geben Sie bereits zuhause in ein Glas mit
Schraubdeckel Zucker und ausgekratzte Vanilleschote, den Sie dann zum Süßen mitnehmen
Der Zucker erhält so ein feines Vanillearoma.

Muschelnudeln mit Grapefruit, Lachs und Haselnüssen

250 g Muschelnudeln (Conchiglie)
oder andere Teigwaren

Salz

½ Tasse (100 ml) Sahne

1 Grapefruit, ¼ der Schale abgerieben,
Fruchtfleisch klein geschnitten

Salz, Pfeffer aus der Mühle

250 g Lachsfilet, in 2 cm große Würfel geschnitten

2 EL gehobelte Haselnüsse

1. Die Teigwaren in Salzwasser gar kochen. Abgießen und in eine Schüssel umfüllen.

2. Im selben Topf die Sahne mit Grapefruitschale und -fruchtfleisch, Salz und Pfeffer erhitzen. Den Lachs daruntermischen und ohne Kochen 5 Minuten gar ziehen lassen. Dann die Teigwaren hinzufügen und nochmals erhitzen. Mit den gehobelten Haselnüssen bestreut servieren.

Zubereitungszeit: 20 Minuten

Erdnuss-Hähnchen-Topf mit Reisflocken

2 EL Olivenöl

2 Hähnchenbrüste (je 150 g), in Streifen geschnitten

1 Zwiebel, fein gewürfelt

1 Msp. gemahlenes Chilipulver

1 Knoblauchzehe, fein gehackt

1 Dose stückige Tomaten (240 g Abtropfgewicht)

1 ½ Tassen (300 ml) Wasser

1 TL Gemüsebrühepulver

5 EL Erdnussbutter

Salz, Pfeffer aus der Mühle

2–3 EL Zitronensaft

3 EL geröstete, gesalzene Erdnüsse, grob gehackt

100 g Reisflocken

1. Das Öl in einem Topf erhitzen, die Hähnchenbruststreifen scharf anbraten, herausnehmen und auf einen Teller geben.

2. In dem Bratsatz Zwiebel, Chili und Knoblauch andünsten. Mit den Tomaten und dem Wasser ablöschen, Gemüsebrühepulver und Erdnussbutter einrühren. Zugedeckt 10 Minuten bei mittlerer Hitze köcheln lassen. Mit Salz, Pfeffer und Zitronensaft abschmecken.

3. Die angebratenen Hähnchenbruststreifen zur Sauce in den Topf geben und weitere 3 Minuten bei milder Hitze köcheln lassen. Mit Reisflocken bestreut servieren.

Zubereitungszeit: 25 Minuten

Tipp: Schneller als mit Reisflocken bekommt man kein Reisgericht hin.

Steak mit Pesto,
gegrillten Knoblauchtomaten
und Aprikosen-Aioli
Rezept Seite 82

Gegrillte Maiskolben
mit Pesto

2 vorgegarte, vakuumierte Maiskolben
(im Supermarkt erhältlich)
2 EL Olivenöl
2 Knoblauchzehen, fein gehackt
Meersalz, Pfeffer aus der Mühle
4 EL Rucola- oder Basilikumpesto
(Fertigprodukt)*

1. Die Maiskolben mit etwas Öl einstreichen. Knoblauch, Salz und Pfeffer darauf verteilen. Auf dem Grill rundherum 6–8 Minuten grillen. Mit dem Rucolapesto servieren.
Zubereitungszeit: 15 Minuten

Lachs mit Meerrettich
und Knoblauch-Nuss-Croûtons

Croûtons:

1 EL Olivenöl

4 Scheiben Roggen- oder anderes Brot, gewürfelt

3 EL gehobelte Haselnüsse *

2 Knoblauchzehen, fein gehackt

2 EL Olivenöl

2 Lachsfilets ohne Haut, je 150 g

Salz, Pfeffer aus der Mühle

2 EL Zitronensaft

2 EL Sahne-Meerrettich

1. Für die Brot-Croûtons das Öl in einer Pfanne erhitzen. Brotwürfel, Haselnüsse und Knoblauch 2–3 Minuten rösten. Dann herausnehmen und beiseitestellen.

2. Für den Lachs 2 EL Öl in derselben Pfanne erhitzen, die Lachsfilets rundherum 6 Minuten braten. Mit Salz, Pfeffer und Zitronensaft würzen.

3. Den Meerrettich auf die Lachsfilets streichen und mit den Nuss-Croûtons bestreuen. Dazu passt ein Salat.

Zubereitungszeit: 15 Minuten

Gebratener Mandel-Fisch
mit Tomaten-Bohnen-Salat

Tomaten-Bohnen-Salat:

2 EL Olivenöl

2 EL Balsamicoessig oder Zitronensaft

1 TL flüssiger Honig

1 TL milder Senf

Salz, Pfeffer aus der Mühle

4 mittelgroße Tomaten (400 g), in Spalten geschnitten

1 Dose Kidneybohnen (240 g Abtropfgewicht)

50 g Schafskäse, grob zerbröselt

Gebratener Mandel-Fisch:

2 EL Olivenöl

2 Fischfilets

(je 150 g, Lachs, Kabeljau, Seelachs oder anderer)

2 Zweige Minze, fein gehackt

2 EL gehobelte Mandeln

2 TL Mandelmus *

1. Für den Tomaten-Bohnen-Salat Öl, Balsamicoessig, Honig, Senf, Salz und Pfeffer verrühren. Tomaten, Bohnen und Schafskäse gut mit dem Dressing vermischen.

2. Für den Fisch das Öl in einer Pfanne erhitzen. Die Fischfilets rundherum 5 Minuten braten. Mit Salz, Pfeffer und Minze würzen. Kurz vor Ende der Garzeit die gehobelten Mandeln hinzufügen und kurz mitrösten.

3. Das Mandelmus auf dem angerichteten Fisch verteilen und mit dem Salat servieren.

Zubereitungszeit: 20 Minuten

Tipp: Mandelmus ist übrigens auch ein super Brotaufstrich und sehr geschmacksintensiv.

Artischockenrisotto
mit Lachswürfeln

Risotto:

1 EL Olivenöl

1 Zwiebel, fein gewürfelt

1 Knoblauchzehe, fein gehackt

1 TL getrockneter Oregano

1 Tasse (200 g) Risottoreis

3 Tassen (600 ml) Wasser

1 TL Gemüsebrühepulver

1 Dose Artischockenherzen (425 ml Inhalt),
abgetropft, geviertelt

Salz, Pfeffer aus der Mühle

3 EL geriebener Parmesan

2 EL Olivenöl

2 Lachsfilets (je 150 g),
in 2 cm große Würfel geschnitten

2–3 EL Zitronensaft

1. Für den Risotto das Öl in einem Topf erhitzen, Zwiebel, Knoblauch, Oregano und Reis andünsten. Mit dem Wasser ablöschen, das Gemüsebrühepulver hinzufügen und zugedeckt 10 Minuten kochen, dann weitere 10 Minuten auf der ausgeschalteten Herdplatte quellen lassen. 5 Minuten vor Ende der Quellzeit die Artischocken hinzufügen. Mit Salz und Pfeffer würzen.

2. 2 EL Öl in einer Pfanne erhitzen, die Lachswürfel rundherum 5 Minuten braten. Mit Salz, Pfeffer und Zitronensaft würzen.

3. Den Risotto nochmals erhitzen, den Parmesankäse darunterrühren. Mit den Lachswürfeln servieren.

Zubereitungszeit: 30 Minuten

Tipp: Kleine (Piccolo-)Flaschen Sekt eignen sich super zum Campen, und Sekt passt auch hervorragend zu diesem Risotto.

Gebratene Hähnchenbrust
mit Pfifferling-Lauch-Salat

2 Hähnchenbrustfilets (je 150 g),

Salz, Pfeffer aus der Mühle

1 TL getrocknete Kräuter der Provence

2 EL Olivenöl

Pfifferling-Lauch-Salat:

1 EL Olivenöl

2 Knoblauchzehen, fein gehackt

3 Frühlingszwiebeln,
in Ringe geschnitten

2 Handvoll Pfifferlinge, geputzt,
oder mittelgroße Champignons,
in Scheiben geschnitten

1 TL flüssiger Honig

2–3 EL Zitronensaft

½ Baguette, in Scheiben geschnitten

1. Die Hähnchenbrüste längs halbieren, mit Salz, Pfeffer und getrockneten Kräutern würzen. Das Öl in einer Pfanne erhitzen, von jeder Seite 5 Minuten braten.

2. Für den Pfifferling-Lauch-Salat das Öl in einem Topf erhitzen, Knoblauch, Frühlingszwiebeln und Pfifferlinge 5 Minuten braten. Mit Salz und Pfeffer würzen. Noch warm mit Honig und Zitronensaft vermischen.

3. Die Hähnchenbrust mit dem Pfifferlingssalat und dem Baguette servieren.

Zubereitungszeit: 20 Minuten, Foto Seite 92

Tipp: Schneller geht's, indem man die Hähnchenbrust gleich in Streifen schneidet und so gart.

Gebratene Hähnchenbrust
mit Pfifferling-Lauch-Salat
Rezept Seite 91

Sommer-Blüten-Salat mit Orangen-Vinaigrette
und Bohnen-Crostini
Rezept Seite 100

Sommer-Blüten-Salat mit Orangen-Vinaigrette
und Bohnen-Crostini

1 EL Olivenöl

1 Dose große weiße Bohnen

(220 g Abtropfgewicht), abgetropft

2 Zweige Thymian, abgezupft,

oder 1 TL getrockneter Thymian

1 Knoblauchzehe, fein gehackt

1 EL Balsamicoessig

Salz, Pfeffer aus der Mühle

½ frisches Baguette, in Scheiben geschnitten,

falls möglich getoastet

2 Tomaten, in dünne Scheiben geschnitten

Vinaigrette:

2 Frühlingszwiebeln, in feine Ringe geschnitten

2 EL Olivenöl

1 TL Senf

2 EL Balsamicoessig

1 Orange, Saft

3 Handvoll gemischter Salat, gewaschen,

mundgerecht zerkleinert

Sommerblüten (Gänseblümchen, Löwenmäulchen,

Kapuzinerkresseblüten, Holunderblüten usw.)

1. Das Öl in einem Topf erhitzen, Bohnen, Thymian und Knoblauch darin andünsten, mit dem Balsamicoessig ablöschen. Mit Salz und Pfeffer würzen. Die Brotscheiben mit den Tomaten und der Bohnenmischung belegen.

2. Für die Vinaigrette Frühlingszwiebeln, Olivenöl, Senf, Balsamicoessig, Orangensaft, Salz und Pfeffer gut verrühren. Den Salat mit dem Dressing und den Blüten vermischen. Mit den Bohnen-Crostini servieren.

Zubereitungszeit: 30 Minuten; Foto Seite 96/97

Tipps: Essbare Blüten gibt es mehr, als man denkt. Schauen Sie sich in Ihrer Umgebung um und probieren Sie es aus – es lohnt sich! Verwenden Sie nur Blüten, die Sie kennen und die nicht giftig sind

Am einfachsten mischen Sie das Dressing, indem Sie alle Zutaten in ein Glas mit Schraubdeckel geben und gründlich schütteln. Fertig!

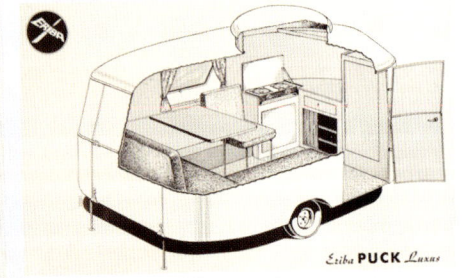

Eriba **PUCK** Luxus

Schokoladen-Himbeer-
Biskuit

1 heller Biskuitboden *

(aus dem Supermarkt), in Stücke geschnitten

2 EL gehobelte Mandeln

2 EL kandierter Ingwer *,

in dünne Scheiben geschnitten (siehe Tipps)

1 kleine Schale Himbeeren (250 g)

4 EL fertige Schokoladencreme

oder Nuss-Nougat-Creme (z. B. Nutella)

1. Die Biskuitstücke ohne Fett in einer Pfanne oder im Toaster rösten.

2. Mandeln, Ingwer und Himbeeren vermischen.

3. Die Biskuitscheiben mit der Schokoladencreme bestreichen und die Himbeermischung darauf verteilen.

Zubereitungszeit: 5 Minuten

Tipps: Geht fast genauso schnell wie die karamellisierten Bananen. Statt des kandierten Ingwers passen auch getrocknete Aprikosen.

Spaghettini mit Schinken, Artischocken und Kapern

250 g Spaghettini

Salz

2 EL Olivenöl

2 Zwiebeln, in feine Ringe geschnitten

3 Scheiben Schinken, fein gewürfelt

1 Dose Artischockenherzen

(220 g Abtropfgewicht), geviertelt

1 Knoblauchzehe, fein gehackt

2 TL Kapern, abgetropft

2 EL Tomatenmark

2 EL geriebener Parmesan

1. Die Spaghettini in kochendem Salzwasser 6 Minuten garen. Abschütten und abtropfen lassen.

2. Das Öl in einer Pfanne erhitzen. Zwiebeln, Schinken, Artischocken und Knoblauch andünsten. Dann die Kapern und das Tomatenmark hinzufügen.

3. Die Spaghettini unter das Artischockengemüse mischen und mit dem Parmesan bestreut servieren.

Zubereitungszeit: 15 Minuten

Tipp: Je dünner die Teigwaren, desto kürzer die Garzeit, und umso schneller das Essen auf dem Campingtisch.

Im Wald

Artischocken-Tortilla
mit Schnittlauch-Dip
Rezept Seite 108

Pfannentoasts mit Schinken,
Mango und Salbei
Rezept Seite 108

Artischocken-Tortilla
mit Schnittlauch-Dip

10 getrocknete Tomaten in Öl,
gut abgetropft und in Streifen geschnitten,
sowie 2 EL Öl von den Tomaten

2 Zwiebeln, fein gewürfelt

1 Dose Artischockenherzen
(220 g Abtropfgewicht), geviertelt

3 Eier

5 EL Milch

Salz, Pfeffer aus der Mühle

Schnittlauch-Dip:

150 g Speisequark (20 % Fett)

2 EL Zitronensaft

½ Bund Schnittlauch, fein geschnitten

1. Das Tomatenöl in einer Pfanne erhitzen. Zwiebeln, Artischocken und die getrockneten Tomaten andünsten.

2. Eier, Milch, Salz und Pfeffer verrühren. Die Eiermasse in die Pfanne gießen und die Tortilla zugedeckt bei kleiner Hitze 6–8 Minuten stocken lassen.

3. Quark, Zitronensaft, Schnittlauch, Salz und Pfeffer verrühren. Mit der Tortilla servieren.

Zubereitungszeit: 20 Minuten; Foto Seite 104

Tipp: Dazu Spanisch sprechen …

Pfannentoasts mit Schinken, Mango und Salbei

4 Toastbrotscheiben

2 EL Frischkäse

2 Scheiben roher Schinken

1 Mango, geschält,
Fruchtfleisch in Scheiben vom Stein geschnitten
(ersatzweise 2 Pfirsichhälften aus der Dose,
in Scheiben geschnitten)

10 Salbeiblätter
oder 2 TL getrockneter Salbei

Salz, Pfeffer aus der Mühle

2 Eier

2 EL Olivenöl

1. Die Toastbrotscheiben jeweils auf einer Seite mit Frischkäse bestreichen. Zwei davon mit Schinken, Mango und je 3 Salbeiblättern oder 1 TL getrocknetem Salbei belegen. Mit Salz und Pfeffer würzen und mit einer der unbelegten Toastbrotscheiben bedecken. Gut andrücken. Die Eier in einem tiefen Teller mit einer Gabel verquirlen, die Toasts darin wenden.

2. Das Öl und die restlichen 4 Salbeiblätter (oder 1 TL getrockneten Salbei) in einer Pfanne erhitzen. Die Toasts von jeder Seite 3 Minuten braten.

Zubereitungszeit: 15 Minuten; Foto Seite 106

Tipp: Denksportaufgabe: Wer findet den besten Namen für diese Toasts? Zum Beispiel »Camperstulle« oder …

Hähnchenbrust in Vanille
mit gebratenem Eisbergsalat und Pinienkernen

3 EL Olivenöl

1 Vanilleschote, längs aufgeschnitten,
Mark ausgekratzt

2 Hähnchenbrüste (je 150 g), quer halbiert

Salz, Pfeffer aus der Mühle

2 EL (20 g) Pinienkerne

½ Eisbergsalat, gewürfelt

2–3 EL Zitronensaft

½ Ciabattabrot, in Scheiben geschnitten

1. 2 EL Öl mit dem ausgekratzten Vanillemark und der Schote in einer Pfanne erhitzen. Die Hähnchenbrüste salzen, pfeffern und von jeder Seite 5 Minuten anbraten.

2. 1 EL Öl in einem Topf erhitzen, die Pinienkerne und den Eisbergsalat 5 Minuten braten. Mit Salz, Pfeffer und Zitronensaft würzen. Mit der Hähnchenbrust und dem Ciabattabrot servieren.

Zubereitungszeit: 20 Minuten; Foto Seite 110

Wraps mit Paprika, Putenbrust,
Frischkäse und Tomatenpesto

Pfannkuchenteig:

¾ Tasse (100 g) Mehl

2 Eier

1 Tasse (200 ml) Milch

½ Bund Schnittlauch, in Röllchen geschnitten

Salz, Pfeffer aus der Mühle

2 TL Olivenöl

Belag:

3 EL Frischkäse

2 EL Tomatenpesto
(Fertigprodukt aus dem Supermarkt)

8 dünne Scheiben geräucherte Putenbrust

1 rote Paprika (Peperoni),
entkernt, in feine Streifen geschnitten

1. Für den Teig Mehl, Eier, Milch, Schnittlauch, Salz und Pfeffer gut verrühren. In einer mit etwas Öl gefetteten Pfanne nacheinander 2 Pfannkuchen ausbacken.

2. Die Pfannkuchen mit Frischkäse und Tomatenpesto bestreichen, dann mit der Putenbrust und den Paprikastreifen belegen und fest einrollen.

Zubereitungszeit: 20 Minuten; Foto Seite 113

Tipps: Die Kinder dürfen die Wraps rollen. Am besten in der Nähe von Wasser verspeisen, um allfälliges Geklecker gleich abwaschen zu können.
Für dieses Rezept eignen sich auch fertige Tortilla-Wraps.

Hähnchenbrust in Vanille
mit gebratenem Eisbergsalat und Pinienkernen
Rezept Seite 109

Tomaten-Minestrone
mit Maccaroni
Rezept Seite 116

Wraps mit Paprika, Putenbrust, Frischkäse und Tomatenpesto

Rezept Seite 109

Baguette-Tiramisu
mit Quarkcreme und Erdbeeren
Rezept auf Seite 116

Tomaten-Minestrone
mit Maccaroni

2 EL Olivenöl

2 Zwiebeln, fein gehackt

1 TL getrockneter Majoran

350 g Tomaten, fein gewürfelt

3 Scheiben Schinken, fein gewürfelt

2 EL Tomatenmark

1 Knoblauchzehe, fein gehackt

2 ¼ Tassen (250 ml) Weißwein

2 ½ Tassen (500 ml) Wasser

100 g kleine Nudeln (z.B. kleine Maccaroni)

Salz, Pfeffer aus der Mühle

3 Zweige Minze, fein gehackt

3 Zweige Petersilie, fein gehackt

½ Ciabattabrot, in Scheiben geschnitten

2 EL Crème fraîche

1. Das Öl in einem Topf erhitzen. Zwiebeln, Majoran, Tomaten, Schinken, Tomatenmark und Knoblauch andünsten. Mit Weißwein und Wasser ablöschen und 10 Minuten kochen lassen. Nach 5 Minuten Garzeit die Nudeln hinzufügen.

2. Die Suppe mit Salz und Pfeffer würzen. Minze und Petersilie hinzufügen. Mit dem Brot und der Crème fraîche servieren.

Zubereitungszeit: 20 Minuten; Foto Seite 112

Tipp: Für die Minestrone eignen sich auch Kräuter direkt von der Wiese wie Giersch, Gundermann oder Sauerampfer.

Cappuccino-Schoko-Shake

2 EL lösliches Espressopulver

1 EL löslicher Kakao

1 Päckchen Vanillezucker

2 ½ Tassen (500 ml) Vollmilch

1. Espressopulver, Kakaopulver, Vanillezucker und Milch gut verrühren.

Zubereitungszeit: 3 Minuten

Tipp: Shaken kann man gut in einem leeren Joghurtglas oder einem anderen Glas mit Deckel.

Baguette-Tiramisu
mit Quarkcreme und Erdbeeren

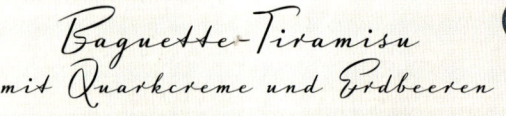

6 Scheiben Baguette, klein gewürfelt

6 EL Orangenlikör *

6 EL Orangensaft

250 g Speisequark (20% Fett)

2 EL flüssiger Honig

1 Päckchen Vanillezucker

1 Schale Erdbeeren (250 g), geputzt und in Scheiben geschnitten

1. Die Brotwürfel mit 3 EL Orangenlikör und 3 EL Orangensaft vermischen.

2. Den Quark mit Honig, Vanillezucker, 3 EL Orangenlikör und 3 EL Orangensaft verrühren.

3. Quark, Brotwürfel und Erdbeeren abwechselnd in eine Schale oder ein großes Glas schichten. 5 Minuten durchziehen lassen.

Zubereitungszeit: 15 Minuten; Foto Seite 114

Tipp: Anstelle von Baguette kann man auch Kekse verwenden.

Steinpilzsuppe
mit getrockneten Tomaten und Nudeln

15 g getrocknete Steinpilze *

3 Tassen (600 ml) warmes Wasser

1 EL Olivenöl

1 Zwiebel, fein gewürfelt

1 Knoblauchzehe, fein gehackt

100 g Suppennudeln (z. B. Mini-Orecchiette)

10 getrocknete Tomaten in Öl, abgetropft

und in Streifen geschnitten

½ Bund Schnittlauch, in Röllchen geschnitten

Salz, Pfeffer aus der Mühle

1. Die Steinpilze im warmen Wasser 10 Minuten einweichen.

2. Das Öl in einem Topf erhitzen, Zwiebel und Knoblauch andünsten. Die Steinpilze ausdrücken, grob hacken und mit andünsten. Mit dem Einweichfond der Steinpilze aufgießen und 15 Minuten zugedeckt köcheln lassen. Nach 8 Minuten die Nudeln und die getrockneten Tomaten hinzufügen. Mit Schnittlauch, Salz und Pfeffer abschmecken.

Zubereitungszeit: 30 Minuten; Foto Seite 118/119

Tipp: Anstelle von frischen Kräutern eignen sich auch getrocknete aus dem Vorrat.

Maccaroni mit
Tomaten-Feigen-Sugo

250 g Maccaroni oder andere Teigwaren

Salz

2 EL Olivenöl

1 Zwiebel, fein gewürfelt

1 Knoblauch, fein gehackt

100 g getrocknete Feigen, fein gewürfelt

400 g stückige Tomaten (Tetrapak)

Salz, Pfeffer aus der Mühle

3 Zweige frischer Basilikum,

fein gehackt,

oder 1 EL getrockneter Basilikum

1. Die Teigwaren in Salzwasser gar kochen. Abschütten und abtropfen lassen.

2. Das Öl in einer Pfanne erhitzen. Zwiebel, Knoblauch und Feigen andünsten. Die Tomaten hinzufügen und 5 Minuten offen köcheln lassen. Dann mit Salz und Pfeffer würzen. Die Teigwaren daruntermischen und mit Basilikum bestreuen.

Zubereitungszeit: 20 Minuten; Foto Seite 121

Tipp: Fertig geriebenen Parmesankäse mitnehmen und dieses Gericht damit krönen.

Maccaroni mit
Tomaten-Feigen-Sugo
Rezept Seite 117

Saltimbocca-Spieße
mit gegrillten Bohnen-Tomaten-Päckchen
Rezept Seite 126

Couscous-Buletten
mit Paprikasalat und Schafskäse
Rezept Seite 126

Saltimbocca-Spieße
mit gegrillten Bohnen-Tomaten-Päckchen

Bohnen-Tomaten-Päckchen:
1 Dose große, weiße Bohnen
(240 g Abtropfgewicht), abgetropft
3 Tomaten, in Spalten geschnitten
1 Knoblauchzehe, fein gehackt
1 TL getrocknete Kräuter der Provence
Salz, Pfeffer aus der Mühle
Saltimbocca-Spieße:
2 Hähnchenbrustfilets,
längs in jeweils 3 Streifen geschnitten
3 Scheiben Schinken, längs halbiert
18 Salbeiblätter
oder 1 EL getrockneter Salbei

1. Bohnen, Tomaten, Knoblauch, getrocknete Kräuter, Salz und Pfeffer vermischen. Auf 2 Stücke Alufolie verteilen und zu Päckchen verschließen. Auf dem Grill 6–8 Minuten garen.
2. Die Hähnchenbruststreifen mit je 1 Scheibe Schinken und je 3 Salbeiblättern auf einen Holzspieß stecken, sodass insgesamt 6 Spieße entstehen. Auf dem Grill rundherum 5 Minuten grillen. Mit dem Bohnen-Tomaten-Päckchen servieren.

Zubereitungszeit: 25 Minuten; Foto Seite 122

Tipp: Zum Garen am offenen Feuer die Spieße in Alufolie wickeln und über die Glut halten.

Couscous-Buletten
mit Paprikasalat und Schafskäse

1 ¼ Tassen (250 ml) Wasser
1 TL Gemüsebrühepulver
1 Tasse (125 g) Couscous
1 TL getrocknete Kräuter der Provence
1 Ei
Salz, Pfeffer aus der Mühle
4 EL Olivenöl
Paprikasalat:
2 EL Olivenöl
je 1 rote und gelbe Paprika (Peperoni),
entkernt und in dünne Streifen geschnitten
3 EL Zitronensaft
1 TL flüssiger Honig
50 g Schafskäse, grob zerbröckelt

1. Das Wasser mit dem Gemüsebrühepulver aufkochen. Den Couscous einrühren und zugedeckt abseits vom Feuer 10 Minuten quellen lassen. Den Couscous in einer Schüssel mit den getrockneten Kräutern, dem Ei, Salz und Pfeffer vermischen. Mit angefeuchteten Händen zu 8 Buletten formen.
2. Das Öl in einer beschichteten Pfanne erhitzen. Die Buletten bei mittlerer Hitze von jeder Seite 3–5 Minuten braten.
3. Inzwischen für den Paprikasalat in einem Topf das Öl erhitzen und die Paprikastreifen 5 Minuten braten. Noch warm mit Zitronensaft, Honig, Salz und Pfeffer verrühren. Den Schafskäse darüber bröseln. Den Paprikasalat mit den Buletten servieren.

Zubereitungszeit: 30 Minuten; Foto Seite 125

Tipp: Couscous ist ein »Campingzauberlebensmittel«. Die Zubereitung ist einfach und superschnell: heißes Wasser darauf, 10 Minuten quellen lassen – fertig!

Kartoffel-Zucchini-Rösti
mit Schnittlauch-Meerrettich-Quark

4 mittelgroße Kartoffeln (400 g), geschält

1 mittelgroße Zucchini

Salz, Pfeffer aus der Mühle,

gemahlene Muskatnuss

2 EL Olivenöl

Schnittlauch-Meerrettich-Quark:

150 g Speisequark (20 % Fett)

1 EL Sahne-Meerrettich

½ Bund Schnittlauch, in Röllchen geschnitten

2 EL Zitronensaft

1. Die Kartoffeln und die Zucchini grob reiben, mit Salz, Pfeffer und Muskatnuss würzen. Dann das Wasser gut aus der Masse ausdrücken.

2. Das Öl in einer beschichteten Pfanne erhitzen. Die Kartoffel-Zucchini-Masse darin 5 Minuten braten, dann mit Hilfe eines Tellers wenden und auf der zweiten Seite weitere 5 Minuten braten.

3. Quark, Meerrettich, Schnittlauch und Zitronensaft verrühren. mit Salz und Pfeffer würzen.

4. Die Rösti halbieren und mit dem Quark servieren.

Zubereitungszeit: 20 Minuten; Foto Seite 129

Ravioli mit Radicchio,
Kapern und Parmesan

250 g Gemüseravioli (Trockenware)*

Salz

2 EL Olivenöl

1 kleiner Radicchio (etwa 180 g),

in Stücke geschnitten

2 Zwiebeln, in Ringe geschnitten

1 Knoblauchzehe, fein gehackt

½ Tasse (100 ml) Sahne

1 EL Kapern, grob gehackt

2 EL geriebener Parmesan

1. Die Ravioli 8 Minuten in kochendem Salzwasser garen, dann abgießen.

2. Im selben Topf das Öl erhitzen, Radicchio, Zwiebeln und Knoblauch andünsten. Sahne und Kapern hinzufügen, die Ravioli beigeben und wieder erhitzen. Mit dem Parmesan bestreut servieren.

Zubereitungszeit: 15 Minuten

Tipp: Statt Radicchio kann man auch Zucchini verwenden.

Gegrillte Nektarinen
mit Schinken und Schafskäse

3 Nektarinen (oder Pfirsiche), halbiert, entsteint

50 g Schafskäse, zerbröselt

3 Scheiben Schinken, gewürfelt

6 TL Olivenöl

Salz, Pfeffer aus der Mühle

4 EL Aïoli (Fertigprodukt)*

1. Die Nektarinenhälften mit Schafskäse und Schinken belegen. Mit je 1 TL Öl beträufeln, mit Salz und Pfeffer würzen und jeweils in ein Stück Alufolie einwickeln.

2. Auf dem Grill 5 Minuten garen. Mit der Aïoli servieren.

Zubereitungszeit: 15 Minuten

Tipp: Altes Brot würfeln, rösten und darüberstreuen.

Kartoffel-Zucchini-Rösti
mit Schnittlauch-Meerrettich-Quark
Rezept Seite 127

Maispfannkuchen mit Zuckerschoten,
roten Zwiebeln und Ziegenkäse

Rezept Seite 132

Maispfannkuchen mit Zuckerschoten, roten Zwiebeln und Ziegenkäse

2 Tassen (400 ml) Milch

1 Tasse (100 g) Maismehl *

(aus Bioladen oder Reformhaus)

2 Eier

Salz, Pfeffer aus der Mühle

2 EL Olivenöl

2 rote oder gewöhnliche gelbe Zwiebeln,
in dünne Scheiben geschnitten

1 Knoblauchzehe, fein gehackt

1 kleine Dose Maiskörner
(140 g Abtropfgewicht), gut abgetropft

1 Handvoll Zuckerschoten (Kefen)
oder 1 kleine Zucchini, in Streifen geschnitten

50 g Ziegen- oder Schafskäse,
in kleine Stücke geteilt

1. Milch, Maismehl, Eier, Salz und Pfeffer verrühren.

2. Das Öl in einer Pfanne erhitzen. Zwiebeln, Knoblauch, Mais und Zuckerschoten oder Zucchini 5 Minuten andünsten. Den Pfannkuchenteig hinzufügen, den Ziegenkäse darauf verteilen und zugedeckt bei milder Hitze 12–14 Minuten stocken lassen.

Zubereitungszeit: 20 Minuten; Foto Seite 131

Tipp: Maismehl passt gut in die Campingküche, daraus lassen sich leckere Gerichte zaubern. Man muss eben nur daran denken, es im Vorrat mitzunehmen …

Maissuppe mit gerösteten Erdnüssen und Grissini

2 EL Olivenöl

1 Knoblauchzehe, fein gehackt

1 TL Curry

2 mittelgroße Kartoffeln (200 g),
geschält und fein gewürfelt

1 Dose oder 1 Glas Maiskörner
(285 g Abtropfgewicht), abgetropft

2 ½ Tassen (500 ml) Wasser

1 TL Gemüsebrühepulver

3 EL geröstete, gesalzene Erdnüsse,
grob gehackt

Salz, Pfeffer aus der Mühle

2 EL Crème fraîche

1 EL Balsamicoessig

3 Zweige Petersilie, fein gehackt

6 Grissinistangen

1. Das Öl erhitzen, Knoblauch, Curry, Kartoffelwürfel und Mais andünsten. Mit dem Wasser ablöschen und das Gemüsebrühepulver hinzufügen. 8–10 Minuten zugedeckt kochen lassen.

2. Die Erdnüsse beifügen. Mit wenig Salz (wegen der bereits gesalzenen Erdnüsse), Pfeffer, Crème fraîche und Balsamico abschmecken. Mit der Petersilie bestreuen und mit den Grissinistangen servieren.

Zubereitungszeit: 30 Minuten; Foto rechts

Tipp: Direkt aus dem Topf gegessen, bleibt die Suppe länger heiß.

Maissuppe mit gerösteten
Erdnüssen und Grissini

Camper's Chai

6 Tassen Wasser

3 hauchdünne Scheiben frische Ingwerwurzel

2 Kapseln Kardamom *

2 Tassen Milch

¼ TL gemahlener Zimt

2 TL schwarzer Tee (oder 2 Schwarzteebeutel)

flüssiger Honig nach Belieben

1. Wasser, Ingwer, Kardamom, Milch und Zimt aufkochen und 5 Minuten köcheln lassen. Dann den Tee hinzufügen und 5 Minuten ziehen, aber nicht mehr kochen lassen.

2. Den Chai abgießen und nach Belieben mit Honig genießen. Ist gut an kalten, verregneten Campingtagen.

Zubereitungszeit: 15 Minuten; Foto links

Tipp: Und dazu kuscheln Sie sich in den Schlafsack …

Zucchini mit Linsen-Karotten-Salat

1 Tasse (150 g) rote Linsen

Salz

3 mittelgroße Karotten (300 g), geschält, gewürfelt

3 EL Kürbiskernöl

2 EL Balsamicoessig

Pfeffer aus der Mühle

3 Zucchini, längs halbiert

1. Die Linsen in kochendem Salzwasser 5 Minuten kochen. Die Karottenwürfel hinzufügen und weitere 3 Minuten mit den Linsen kochen. Linsen und Karotten abgießen und noch warm mit 1 EL Kürbiskernöl, dem Essig, Salz und Pfeffer gut vermischen.

2. Die restlichen 2 EL Kürbiskernöl in einer Pfanne erhitzen, die Zucchini von beiden Seiten je 4 Minuten braten. Mit Salz und Pfeffer würzen. Mit dem Linsensalat servieren.

Zubereitungszeit: 25 Minuten; Foto Seite 137

Tipp: Rote Linsen gewinnen den »Gargeschwindigkeitspreis« unter den Hülsenfrüchten. Daher super geeignet für die schnelle Campingküche.

Kartoffeln mit Kürbiskernen, Rote-Bete-Quark und Schinken

400 g kleine, neue Kartoffeln

Meersalz

2 vorgegarte Rote Beten

250 g Sahnequark (20 % Fett)

2 EL Zitronensaft

2 EL Kürbiskernöl

Pfeffer aus der Mühle

4 Scheiben roher Schinken

2 EL Kürbiskerne *, gehackt

1. Die Kartoffeln zugedeckt in kochendem Salzwasser gar kochen.

2. Die Rote Bete fein würfeln oder reiben. Mit Quark, Zitronensaft, Kürbiskernöl, Salz und Pfeffer verrühren.

3. Die Kartoffeln mit dem Schinken und dem Quark anrichten, die Kürbiskerne darüberstreuen.

Zubereitungszeit: 20 Minuten

Tipp: Die Rote Bete möglichst in Wassernähe verarbeiten, damit man alle Arbeitsutensilien schnell reinigen kann.

Zucchini mit
Linsen-Karotten-Salat
Rezept Seite 135

Coq au vin Camping Style

1 EL Olivenöl

3 Scheiben Schinken, grob gewürfelt

2 Knoblauchzehen, fein gehackt

3 mittelgroße Kartoffeln (300 g),
geschält, in 1 cm große Würfel geschnitten

1 TL getrocknete Kräuter der Provence

15 mittelgroße Champignons, halbiert

2 Hähnchenbrustfilets (je 150 g),
in 3 cm große Würfel geschnitten

Salz, Pfeffer aus der Mühle

1 EL Mehl

2 Tassen (400 ml) Rotwein

½ Tasse (100 ml) Wasser

1 TL Hühnerbrühepulver

2 EL Perlzwiebeln (aus dem Glas), abgetropft

1. Das Öl in einem Topf erhitzen. Schinken, Knoblauch, Kartoffeln, getrocknete Kräuter und Champignons darin braten. Die Hähnchenbrustwürfel hinzufügen. Mit Salz und Pfeffer würzen. Mit dem Mehl bestäuben. Rotwein, Wasser und Hühnerbrühepulver hinzufügen und aufkochen. Zugedeckt bei milder Hitze 15 Minuten schmoren lassen.
2. Nach 5 Minuten Kochzeit die Perlzwiebeln hinzufügen.

Zubereitungszeit: 25 Minuten

Tipp: Genussfreudige Camper denken auch an die passende Begleitung zu diesem Gericht und besorgen einen guten Rotwein dazu.

Räucherforelle mit Apfel-Kürbis-Salat an Kürbiskernöl

1 Apfel, geviertelt,
entkernt und in Stücke geschnitten

100 g Kürbis im Glas,
abgetropft und in Scheiben geschnitten

1 Frühlingszwiebel,
in feine Ringe geschnitten

2 EL Kürbiskernöl

1–2 EL Zitronensaft

Salz, Pfeffer aus der Mühle

4 Scheiben Bauernbrot

2 EL Sahne-Meerrettich

4 geräucherte Forellenfilets

1. Apfel, Kürbis, Frühlingszwiebel, Kürbiskernöl und Zitronensaft vermischen. Mit Salz und Pfeffer würzen.
2. Die Brotscheiben mit dem Sahne-Meerrettich bestreichen und mit den Forellenfilets belegen. Mit dem Kürbis-Apfel-Salat servieren.

Zubereitungszeit: 10 Minuten; Foto rechts

Tipp: Falls keine geräucherten Forellenfilets erhältlich sind, gehen auch Sardinen in der Dose, die noch länger haltbar sind.

Räucherforelle mit Apfel-
Kürbis-Salat an Kürbiskernöl

Zucchinisalat mit Mandeln, Mozzarella und Oliven

2 EL Olivenöl
2 EL Zitronensaft
1 EL Mandelmus *
(im Reformhaus oder Bioladen erhältlich)
Salz, Pfeffer aus der Mühle
2 Zucchini, in dünne Scheiben geschnitten
1 Mozzarella (125 g), abgetropft,
mundgerecht geschnitten
10 grüne Oliven ohne Stein,
in Scheiben geschnitten
2 EL gehackte Mandeln
2 Zweige Minze, grob gehackt

1. Öl, Zitronensaft, Mandelmus, Salz und Pfeffer gut verrühren.
2. Zucchini, Mozzarella, Oliven und Mandeln mit dem Dressing gut vermischen. Mit Salz und Pfeffer abschmecken.
Zubereitungszeit: 15 Minuten

Tipp: Passt gut zu Knäckebrot. Das wiegt fast nichts, hält sich gut und ist damit ein praktischer Vorrat.

Spaghetti Carbonara mit getrockneten Tomaten und Thymian

250 g Spaghetti
Salz
2 Eier
2 EL geriebener Parmesan
3 Zweige Thymian, abgezupft,
oder 1 TL getrockneter Thymian
Pfeffer aus der Mühle,
gemahlene Muskatnuss
100 g getrocknete Tomaten in Öl *,
gut abgetropft und in feine Streifen geschnitten

1. Die Spaghetti in kochendem Salzwasser gar kochen.
2. Die Eier mit 1 EL Parmesan, Thymian, Salz, Pfeffer und Muskatnuss verrühren.
3. Die Spaghetti abgießen, sofort mit der Eimischung und den getrockneten Tomaten vermengen und gut durchschwenken. Mit 1 EL Parmesan bestreut servieren.
Zubereitungszeit: 15 Minuten

Camembert mit Pfefferkirschen
und Feigensenf

1 EL Olivenöl

3 Frühlingszwiebeln, in Ringe geschnitten

1 Glas Sauerkirschen

(370 g Abtropfgewicht), abgetropft

1 TL grüner Pfeffer in Lake *, gehackt

100 g Camembert

4 Scheiben Roggenbrot

2 EL Feigensenf *

1. Das Öl in einem Topf erhitzen. Die Frühlingszwiebeln kurz andünsten, dann die Kirschen und den grünen Pfeffer hinzufügen und kurz aufkochen.

2. Den Camembert mit den Kirschen, Roggenbrot und Feigensenf servieren.

Zubereitungszeit: 10 Minuten

Tipp: Falls das Brot nicht mehr ganz frisch ist, einfach in der Pfanne kurz rösten.

Schwarzbrot mit Apfel,
Räucherlachs, Dill und Wasabi

1 Apfel

1 EL Zitronensaft

4 Scheiben Schwarzbrot

3 EL Frischkäse

1 TL Wasabi aus der Tube *

(im Supermarkt oder Asialaden erhältlich)

4 Scheiben Räucherlachs

2 Zweige Dill, fein gehackt

1. Den Apfel vierteln, entkernen und in dünne Spalten schneiden, sofort mit dem Zitronensaft vermischen, damit er sich nicht braun verfärbt.

2. Das Schwarzbrot mit dem Frischkäse und dann hauchdünn mit Wasabi bestreichen. Apfelscheiben, Räucherlachs und Dill darauf verteilen.

Zubereitungszeit: 10 Minuten

Tipp: Statt Wasabi geht auch Sahne-Meerrettich.

Im Winter

Holunder-Orangen-Glühpunsch
mit Amaretto

Holunder-Orangen-Glühpunsch
mit Amaretto

1 Tasse (200 ml) Holundersaft
1 Tasse (200 ml) Rotwein
½ Tasse (100 ml) Orangensaft
2 EL Ahornsirup
½ TL Lebkuchengewürz*
4 EL Mandellikör (z. B. Amaretto)

1. Alle Zutaten in eine Flasche füllen
und fest verschließen.
2. Vor Ort erhitzen und heiß genießen.
Zubereitungszeit: 10 Minuten; Foto links

Maronensuppe mit
getrockneten Feigen
Rezept Seite 150

Roggenbrötchen
mit Sauerkraut und Frikadellen
Rezept Seite 150

Schokoladenkuchen
mit Pinienkernen und Pistazien
Rezept Seite 151

Roggenbrötchen
mit Sauerkraut und Frikadellen

Frikadellen:

1 kleine Zwiebel, fein gewürfelt

1 Knoblauchzehe, fein gehackt

400 g gemischtes Hackfleisch

2 EL Semmelbrösel

1 EL gemahlene Mandeln

3 Zweige Petersilie, fein gehackt

1 Ei

Salz, Pfeffer aus der Mühle

3 EL Olivenöl

2 Roggenbrötchen, aufgeschnitten

100 g gegartes Sauerkraut

¼ Granatapfel, Kerne herausgelöst

2 EL milder Senf

1. Für die Frikadellen Zwiebel, Knoblauch, Hackfleisch, Semmelbrösel, Mandeln, Petersilie und Ei in eine Schüssel geben und gut vermischen. Mit Salz und Pfeffer würzen. Zu 4 Frikadellen formen.

2. Das Öl in einer Pfanne erhitzen und die Frikadellen von jeder Seite 6–8 Minuten braten.

3. Die Brötchen mit etwas Senf bestreichen, mit Sauerkraut, Granatapfelkernen und den Frikadellen belegen.

Zubereitungszeit: 35 Minuten; Foto Seite 148

Maronensuppe mit
getrockneten Feigen

1 EL Olivenöl

1 kleine Zwiebel, gewürfelt

100 g Sellerie, geschält, grob gewürfelt

200 g vorgegarte Maronen (Dose oder Vakuumpack), etwas zerkleinern

¼ Tasse (50 ml) Weißwein

2 ½ Tassen (500 ml) Wasser

¼ Tasse (50 ml) Schlagsahne

2 TL Hühnerbrühepulver

Salz, Pfeffer aus der Mühle

1 unbehandelte Zitrone, abgeriebene Schale und Saft

6 getrocknete Feigen,

1. Das Olivenöl in einem Topf erhitzen. Zwiebel, Sellerie und Maronen andünsten. Mit Weißwein, Wasser und Sahne ablöschen und das Hühnerbrühepulver hinzufügen. Zugedeckt 15 Minuten kochen lassen. Mit Salz, Pfeffer, Zitronenschale und -saft abschmecken.

Mit dem Mixstab fein pürieren oder, falls kein solcher zur Hand, durch ein Sieb streichen.

2. Die Suppe zuhause zubereiten, in ein Schraubglas abfüllen und unterwegs in einem Topf in kochendem Wasser erhitzen. Die getrockneten Feigen in Scheiben schneiden, hinzufügen und kurz mit erhitzen. Dazu passt Roggenbrot.

Zubereitungszeit: 30 Minuten; Foto Seite 147

Tipp: Wärmt die Camperseele …

Würziger Eintopf
mit Kürbis, Kidneybohnen und Speck

3 EL Olivenöl

2 Zwiebeln, fein gewürfelt

2 Knoblauchzehen, fein gehackt

100 g Speck, fein gewürfelt

2 rote Chilischoten,
entkernt, in Streifen geschnitten

400 g Kürbis, geschält,
entkernt, in Würfel geschnitten

2 mittelgroße Süßkartoffeln, geschält,
in Würfel geschnitten

2 EL Tomatenmark

2 ½ Tassen (500 ml) Wasser

2 Tassen passierte Tomaten (400 ml)

1 TL Gemüsebrühepulver

1 Dose Kidneybohnen

Salz, Pfeffer aus der Mühle

5–6 EL Orangensaft

2 Handvoll Tortilla-Chips (50 g)

1. Das Öl in einem Topf erhitzen. Zwiebeln, Knoblauch, Speck und Chili andünsten. Kürbis, Süßkartoffeln und Tomatenmark hinzufügen. Mit Wasser und passierten Tomaten aufgießen, das Gemüsebrühepulver hinzufügen und zugedeckt 15 Minuten köcheln lassen.

2. 5 Minuten vor Ende der Garzeit die Kidneybohnen hinzufügen. Mit Salz, Pfeffer und Orangensaft würzen. Mitnehmen und unterwegs erhitzen.
Mit den Tortilla-Chips servieren.

Zubereitungszeit: 30 Minuten

Schokoladenkuchen
mit Pinienkernen und Pistazien

50 g Zartbitterschokolade, grob gehackt

3 Eier

¾ Tasse (75 g) Zucker

2 TL abgeriebene Orangenschale
von einer unbehandelten Orange

Salz

¼ Tasse (50 ml) Olivenöl

¾ Tasse (70 g) Mehl

½ TL Backpulver

4 EL gehackte Pistazien

3 EL Pinienkerne, grob gehackt

1. Die Schokolade in einer Edelstahlschüssel über dem heißen Wasserbad schmelzen. Eier, Zucker, Orangenschale und 1 Prise Salz mit den Schneebesen des Mixers 6–8 Minuten schaumig schlagen. Das Öl hinzufügen. Mehl und Backpulver mischen, mit der geschmolzenen Schokolade unter den Teig rühren.

2. 2 Weckgläser oder andere feuerfeste Formen fetten. Den Teig einfüllen. Im heißen Ofen bei 180 Grad (Umluft 160 Grad) 35 Minuten backen. Nach 10 Minuten der Backzeit die Pistazien und die Pinienkerne darüberstreuen und fertig backen.

Zubereitungszeit: 30 Minuten (ohne Backzeit); Foto Seite 149

Tipp: Den Kuchen zuhause im Ofen backen und zum Ausflug mitnehmen.

Der Campingvorrat

»Need to have«
Der praktische Grundvorrat

Balsamicoessig oder anderer Essig

Gemüsebrühepulver

Geriebener Parmesan

Getrocknete Kräuter der Provence

Honig

Olivenöl

Pfeffer (aus der Mühle)

Salz

Teigwaren/Nudeln, diverse Sorten

Tomaten, stückige (Tetrapak)

Tomatenmark

Tomatensauce

Zitronensaft (in kleiner Plastikflasche)

oder Zitronen

»Nice to have«

Spezielle Zutaten aus unseren Rezepten,
für die »Deluxe-Campingküche

Aïoli

Artischocken (Dose)

Brotchips

Buchweizenmehl

Couscous (siehe Tipp Seite 126)

Espresso, löslicher

Feigensenf

Getrocknete Steinpilze

Getrocknete Tomaten in Öl
(siehe Tipp Seite 50)

Gomasio (siehe Tipp Seite 33)

Holundersirup

Ingwer, kandiert

Kakao, löslicher

Kapern (in Lake)

Kürbis (im Glas)

Kürbiskerne

Kürbiskernöl

Macadamia-Nüsse

Maismehl

Mandelmus (siehe Tipp Seite 90)

Mandeln/Haselnüsse, gehobelt

Mango-Chutney

Meersalz

Oliventapenade

Orangenlikör

Pfeffer, grüner, in Lake

Pitabrot

Sahne-Meerrettich

Vanilleschoten oder Vanillezucker
(siehe Tipps Seite 25 und 82)

Wasabi

Weinsteinsäure

Weiße Bohnen (Dose)

Rezeptverzeichnis

Schnelle kalte Rezepte

Drinks

Gerichte mit einem Topf

Gerichte mit einer Pfanne

Gerichte mit einem Topf und einer Pfanne

Grillrezepte

Vielen lieben Dank an:

Anke Seifert
Christine Seifert
Günther Seifert
Gesa Sander
Arthur und Charlotte Dabney
Katrin und Nene Reimer
Marie-Luise Bonitz
Gundel Simon-Ern
Mareike Wittkuhn
Sabine Raab
Beate Gauder
Sibyll Amthor

Andrea Schnücker-Schulz
Familie Sander
Franziska Schanz
Teresa Barth
Lina Marie Schickerling
David Shelton
Matthias Menzel, Steffen Feike,
Holger Pietsch
und den orangefarbenen Bus
das Team vom Campingplatz Spitzenort,
www.spitzenort.de
Regina Seitz von der Agentur
Meller Agency
Firma Rice aus Dänemark, www.rice.dk
Botanischer Garten Hamburg
Firma Hymer Eriba
Susanne Rauss-Dangel vom
Eriba-Hymer-Museum
sowie den gesamten AT Verlag